AF284849

Impressum
Verlag: BABADADA GmbH, Nedderfeld 112 , 22529 Hamburg
Geschäftsführer / Verlagsleitung: Harald Hof
Druck: Books on Demand GmbH, In de Tarpen 42, 22848 Norderstedt

Imprint
Publisher: BABADADA GmbH, Nedderfeld 112 , 22529 Hamburg, Germany
Managing Director / Publishing direction: Harald Hof
Print: Books on Demand GmbH, In de Tarpen 42, 22848 Norderstedt

de School
school

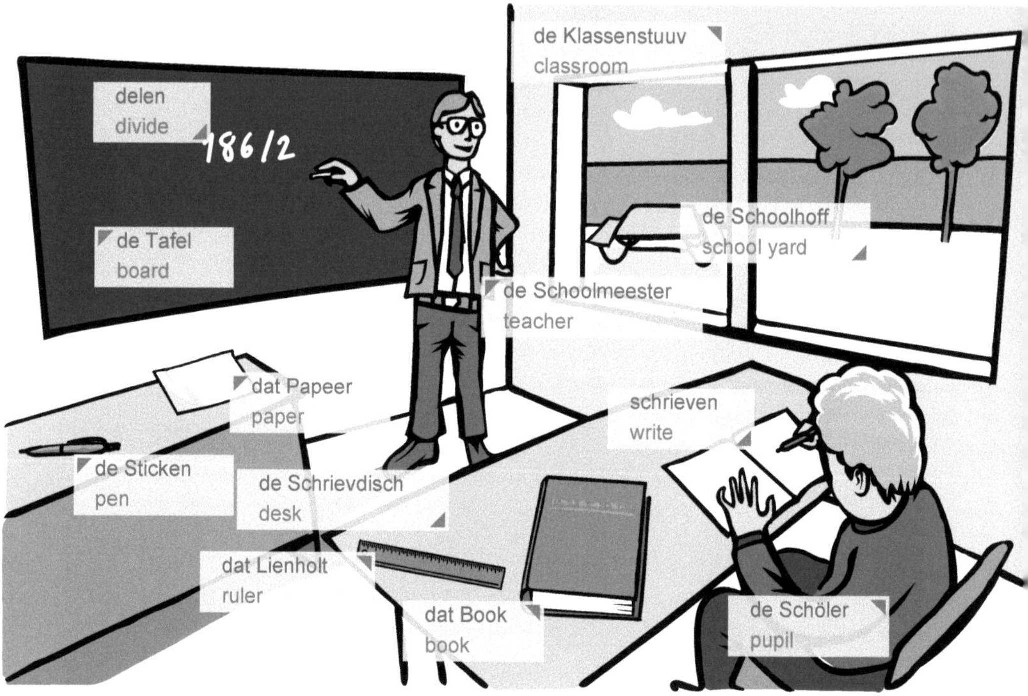
de Klassenstuuv
classroom
delen
divide
186/2
de Tafel
board
de Schoolhoff
school yard
de Schoolmeester
teacher
dat Papeer
paper
schrieven
write
de Sticken
pen
de Schrievdisch
desk
dat Lienholt
ruler
dat Book
book
de Schöler
pupil

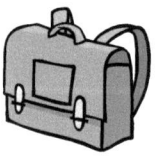

de Ranzel
satchel

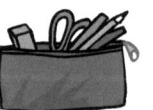

de Feddermapp
pencil case

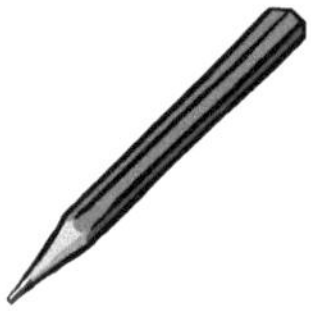

de Bleesticken
pencil

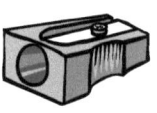

de Scharpmaker
pencil sharpener

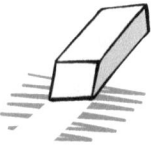

dat Radeergummi
rubber

de Tekenblock
drawing pad

de Teken

drawing

de Pinsel

paintbrush

de Malkassen

paint box

de Scheer

scissors

de Klever

glue

dat Heft to'n Öven

exercise book

de Huusopgaav

homework

12

de Tall

number

2+2

tohooptellen

add

5-2

aftrecken

subtract

2×2

malnehmen

multiply

reken

calculate

A

de Bookstaav

letter

ABCDEFG
HIJKLMN
OPQRSTU
VWXYZ

dat ABC

alphabet

hello

dat Woort

word

de Text

text

lesen

read

de Kried

chalk

de Stunn

lesson

dat Klassenbook

register

de Pröven

exam

dat Tüügnis

certificate

de Schooluniform

school uniform

de Utbillen

education

dat Nakieksel

encyclopedia

de Universität

university

dat Mikroskop

microscope

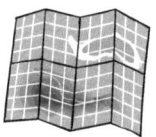

de Koort

map

de Papeerkorf

waste-paper basket

de Törn
travel

dat Hotel
hotel
Grand
de Harbarg
hostel
ROOMS
de Wesselstuuv
bureau de change
de Kuffer
suitcase
dat Auto
car

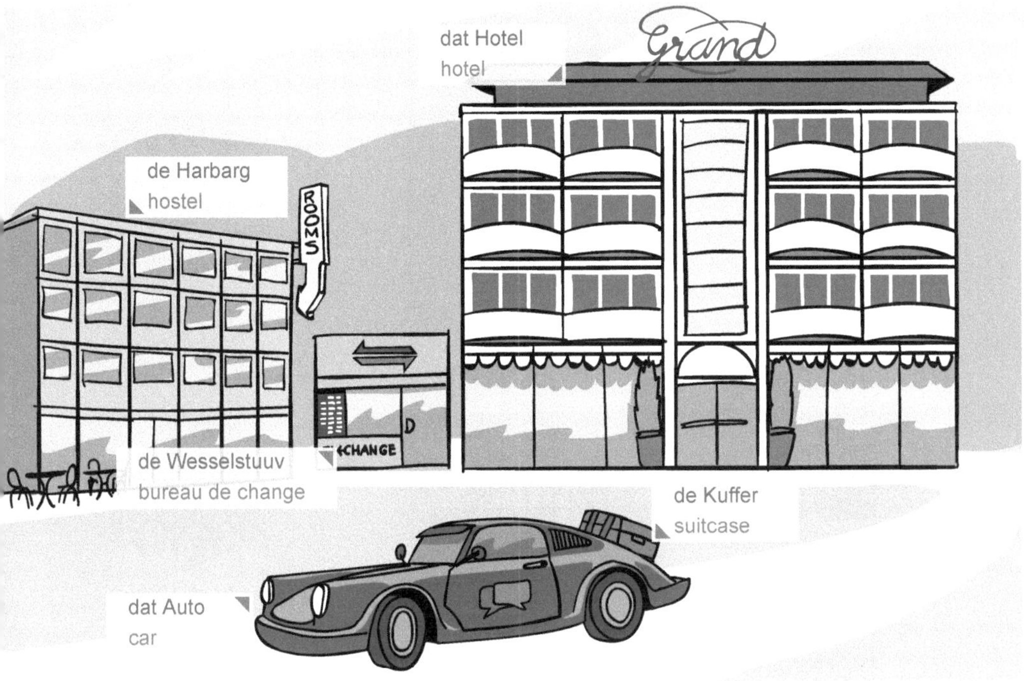

de Spraak

language

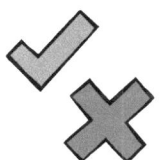

jo / ne

yes / no

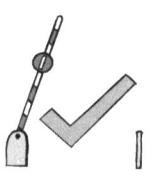

Jo

Okay

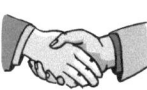

Moin

hello

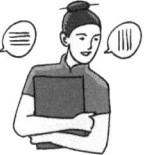

de Översetter

translator

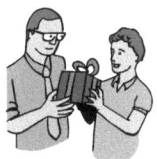

Dank ok

Thank you

Wat kost…?

how much is…?

Ik verstah nich

I do not understand

dat Problem

problem

Goden Avend

Good evening!

Moin!

Good morning!

Gode Nacht!

Good night!

Tschüüs

bye bye

de Richt

direction

de Bagaasch

luggage

de Tasch

bag

de Rüchsack

backpack

de Gast

guest

de Stuuv

room

de Slaapsack

sleeping bag

dat Telt

tent

e Touristeninformatschoon

tourist information

de Strand

beach

de Kreditkoort

credit card

dat Fröhstück

breakfast

dat Meddageten

lunch

dat Avendeten

dinner

de Fohrkort

ticket

de Fohrstohl

lift

de Breefmark

stamp

de Grenz

border

de Toll

customs

de Bottschop

embassy

dat Visum

visa

de Pass

passport

de Transport
transport

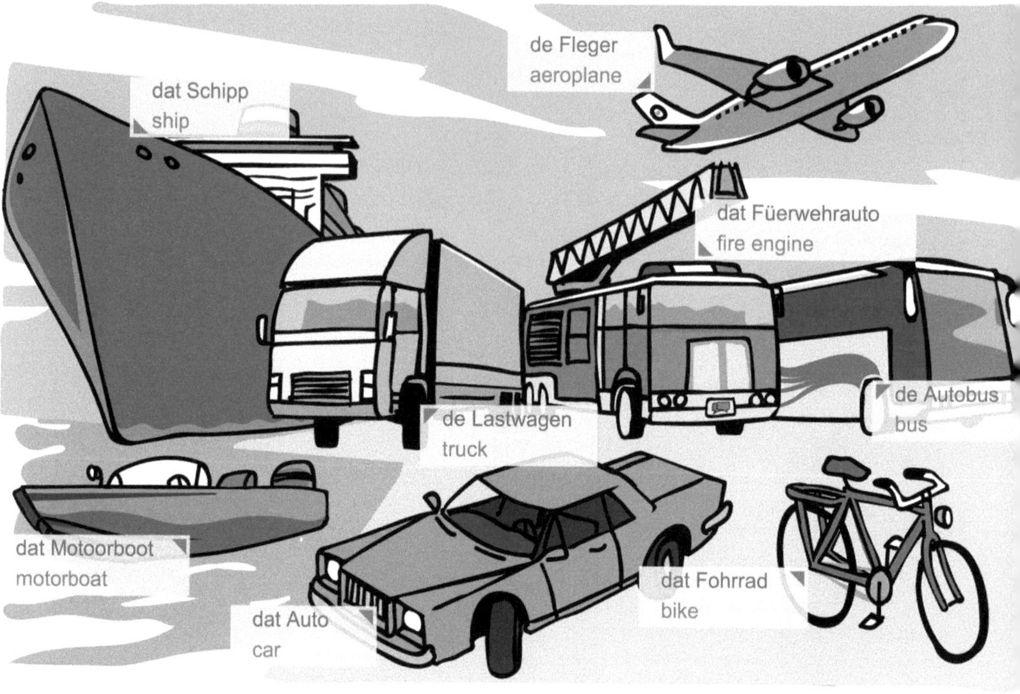

de Fleger
aeroplane
dat Schipp
ship
dat Füerwehrauto
fire engine
de Autobus
bus
de Lastwagen
truck
dat Motoorboot
motorboat
dat Fohrrad
bike
dat Auto
car

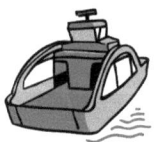

de Fähr

ferry

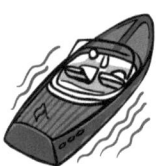

dat Boot

boat

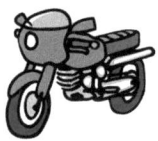

dat Motoorrad

motorbike

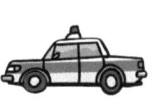

dat Polizeiauto

police car

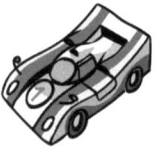

dat Rönnauto

racing car

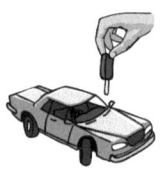

de Lehnwagen

rental car

dat Carsharing

car sharing

de Afsleepwagen

breakdown truck

dat Müllauto

refuse truck

de Motoor

motor

de Kraftstoff

fuel

de Tanksteed

petrol station

dat Verkehrsschild

traffic sign

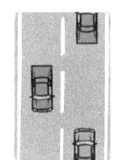

de Verkehr

traffic

de Stau

traffic jam

de Afstellplatz

car park

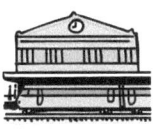

de Bahnhoff

train station

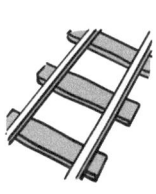

de Sporen

tracks

de Tog

train

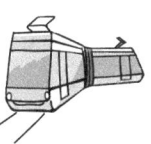

de Stratenbahn

tram

de Wagon

carriage

de Dwarsmöhl

helicopter

de Flooghaven

airport

de Tower

tower

de Fohrgast

passenger

de Grootkist

container

de Karton

carton

de Koor

cart

de Korf

basket

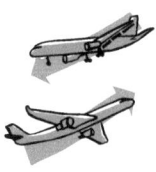

starten / lannen

take off / land

de Stadt

city

dat Dörp

village

de Binnenstadt

city centre

dat Huus

house

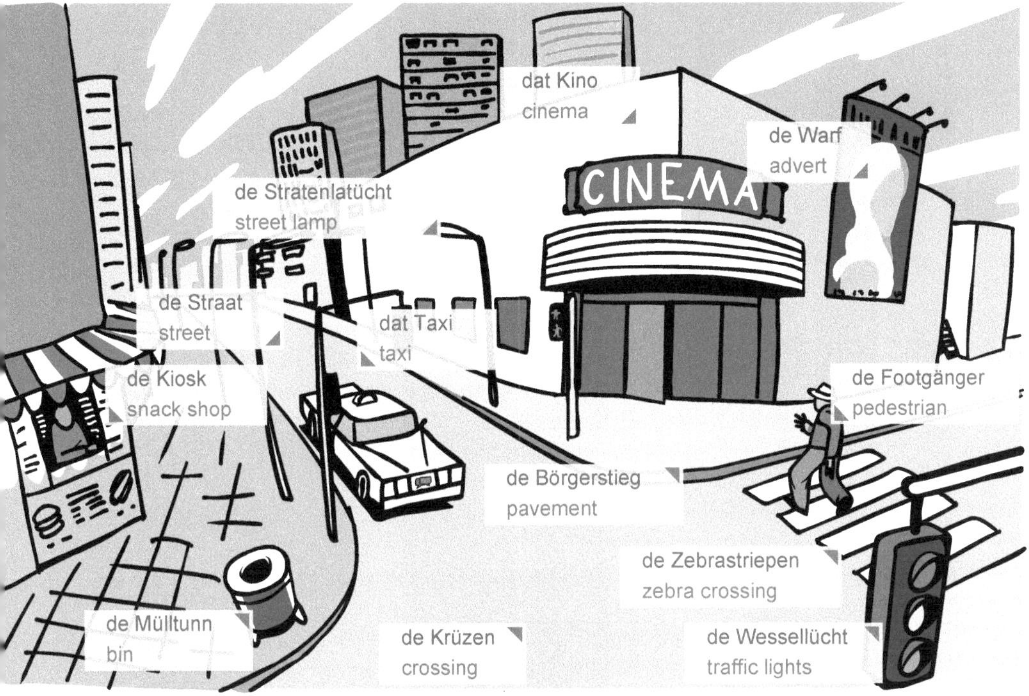

dat Kino
cinema

de Warf
advert

de Stratenlatücht
street lamp

CINEMA

de Straat
street

dat Taxi
taxi

de Kiosk
snack shop

de Footgänger
pedestrian

de Börgerstieg
pavement

de Zebrastriepen
zebra crossing

de Mülltunn
bin

de Krüzen
crossing

de Wessellücht
traffic lights

de Hütt
hut

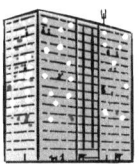

de Wahnung
flat

de Bahnhoff
train station

dat Raathuus
town hall

dat Museum
museum

de School
school

de Stadt - city

de Universität

university

de Bank

bank

dat Krankenhuus

hospital

dat Hotel

hotel

de Afteek

pharmacy

dat Büro

office

de Bookhökerie

book shop

de Hökerie

shop

de Blomenhökerie

florist's

de Supermarkt

supermarket

de Markt

market

dat Koophuus

department store

de Fischhökerie

fishmonger's

dat Inkoopszentrum

shopping centre

de Haven

harbour

de Parkanlaag

park

de Bank

bench

de Brüch

bridge

de Trepp

stairs

de Ünnergrundbahn

underground

de Tunnel

tunnel

de Busstoppsteed

bus stop

de Bar

bar

dat Spieslokal

restaurant

de Breefkassen

postbox

dat Stratenschild

street sign

de Parkklock

parking meter

de Deertenpark

zoo

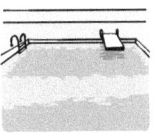

de Baadanstalt

swimming pool

de Moschee

mosque

de Buernhoff

farm

de Ümweltversmudden

pollution

de Karkhoff

graveyard

de Kark

church

de Speelplatz

playground

de Tempel

temple

de Landschop

landscape

dat Blatt
leaf

de Wiespahl
signpost

de Weg
way

de Wisch
meadow

de Wannerer
hiker

de Steen
stone

de Boom
tree

de Fluss
river

dat Gras
grass

de Bloom
flower

dat Daal

valley

de Barg

hill

de See

lake

dat Holt

forest

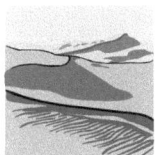

de Wööst

desert

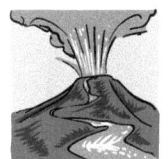

de Füerspien Barg

volcano

dat Slott

castle

de Regenbagen

rainbow

de Poggenstohl

mushroom

de Palm

palm tree

de Steekmück

mosquito

de Fleeg

fly

de Miegeemk

ant

de Imm

bee

de Spinn

spider

de Sebber

beetle

de Pogg

frog

de Katteker

squirrel

de Swienegel

hedgehog

de Haas

hare

de Uul

owl

de Vagel

bird

de Swaan

swan

dat Wildswien

boar

de Hirsch

deer

de Elk

moose

de Staudamm

dam

dat Windrad

wind turbine

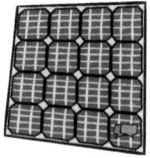

dat Solarmodul

solar panel

dat Klima

climate

dat Spieslokal
restaurant

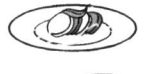

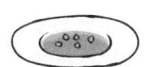

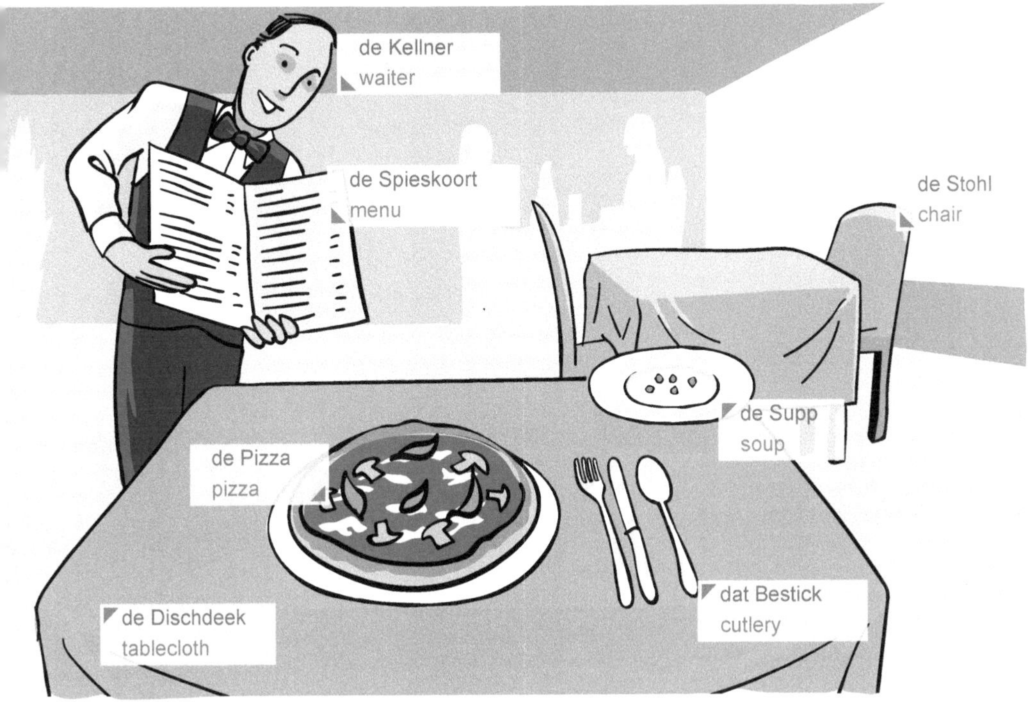
de Kellner
waiter
de Spieskoort
menu
de Stohl
chair
de Supp
soup
de Pizza
pizza
de Dischdeek
tablecloth
dat Bestick
cutlery

de Vörspies

starter

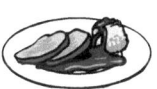

dat Haupteten

main course

de Nadisch

dessert

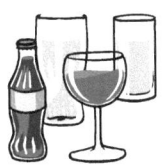

de Drünk

drinks

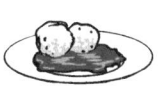

dat Eten

food

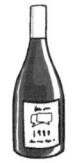

de Buddel

bottle

dat Fastfood

fast food

dat Strateneten

street food

de Teekann

teapot

de Zuckerdoos

sugar bowl

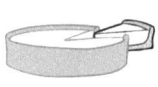

de Portschoon

portion

de Espressomaschien

espresso machine

de Hoochstohl

high chair

de Reken

bill

dat Tablett

tray

dat Mess

knife

de Gavel

fork

de Lepel

spoon

de Teelepel

teaspoon

dat Munddook

serviette

dat Glas

glass

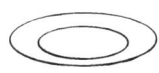

de Töller

plate

de Suppentöller

soup plate

de Ünnertass

saucer

de Sooß

sauce

de Soltstreuer

salt pot

de Pepermöhl

pepper mill

de Etig

vinegar

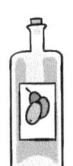

dat Ööl

oil

de Krüder

spices

de Ketchup

ketchup

de Mostrich

mustard

de Mayonnaise

mayonnaise

de Supermarkt
supermarket

de Anbott
special offer

de Kunn
customer

de Melkprodukten
dairy

dat Aaft
fruit

de Inkoopswagen
trolley

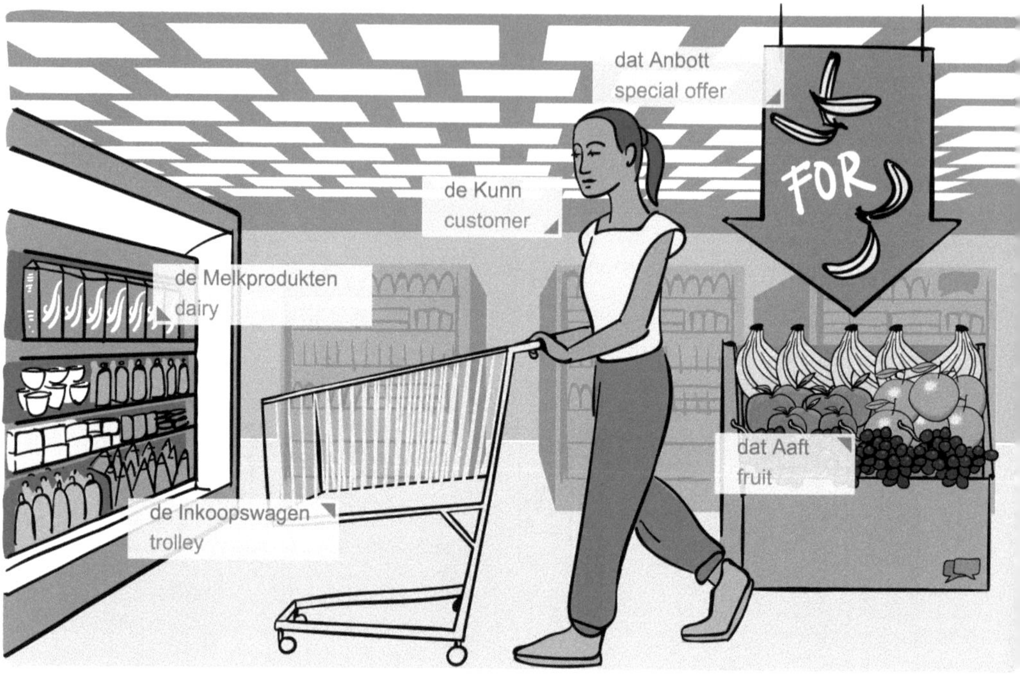

de Slachterie
butcher's

de Bäckerie
baker's

wegen
weigh

de Gröönsaken
vegetables

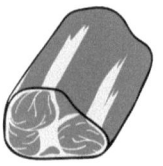

dat Fleesch
meat

de Deepköhlkost
frozen food

20

de Supermarkt - supermarket

de Opsnitt

cold meat

de Konserven

tinned food

de Waschmiddel

washing powder

de Snoopkraam

sweets

de Huushooltssaken

household products

de Reinmaaktüüch

cleaning products

de Verköpersche

salesperson

de Kass

till

de Kasserer

cashier

de Inkoopslist

shopping list

de Opsparrtieden

opening hours

de Breeftasch

wallet

de Kreditkoort

credit card

de Tasch

bag

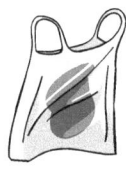

de Plastiktüüt

plastic bag

de Drünk
drinks

dat Water

water

de Saft

juice

de Melk

milk

de Cola

coke

de Wien

wine

dat Beer

beer

de Spriet

alcohol

de Kakao

cocoa

de Tee

tea

de Koffie

coffee

de Espresso

espresso

de Cappucino

cappuccino

de Banaan

banana

de Appel

apple

de Appelsien

orange

de Meloon

melon

de Zitroon

lemon

de Wöttel

carrot

de Knuuvlook

garlic

de Bambus

bamboo

de Zibbel

onion

de Poggenstohl

mushroom

de Nööt

nuts

de Nudeln

noodles

de Spaghetti

spaghetti

de Ries

rice

de Salat

salad

de Pommes frites

chips

de Braadkantüffeln

fried potatoes

de Pizza

pizza

de Hamborger

hamburger

dat Sandwich

sandwich

dat Snitzel

cutlet

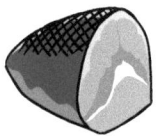

de Schinken

ham

de Salami

salami

de Wust

sausage

dat Hohn

chicken

de Braden

roast

de Fisch

fish

de Haverflocken

porridge oats

dat Müsli

muesli

de Cornflakes

cornflakes

dat Mehl

flour

de Croissant

croissant

dat Rundstück

bread roll

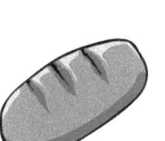

dat Broot

bread

dat Toast

toast

de Keksen

biscuits

de Botter

butter

de Quark

curd

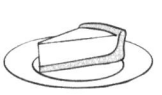

de Koken

cake

dat Ei

egg

dat Spegelei

fried egg

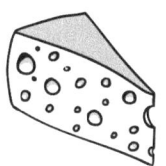

de Kees

cheese

dat Eten - food

de Ies
ice cream

de Zucker
sugar

de Honnig
honey

de Marmelaad
jam

de Nougat-Creme
chocolate spread

dat Curry
curry

de Buernhoff
farm

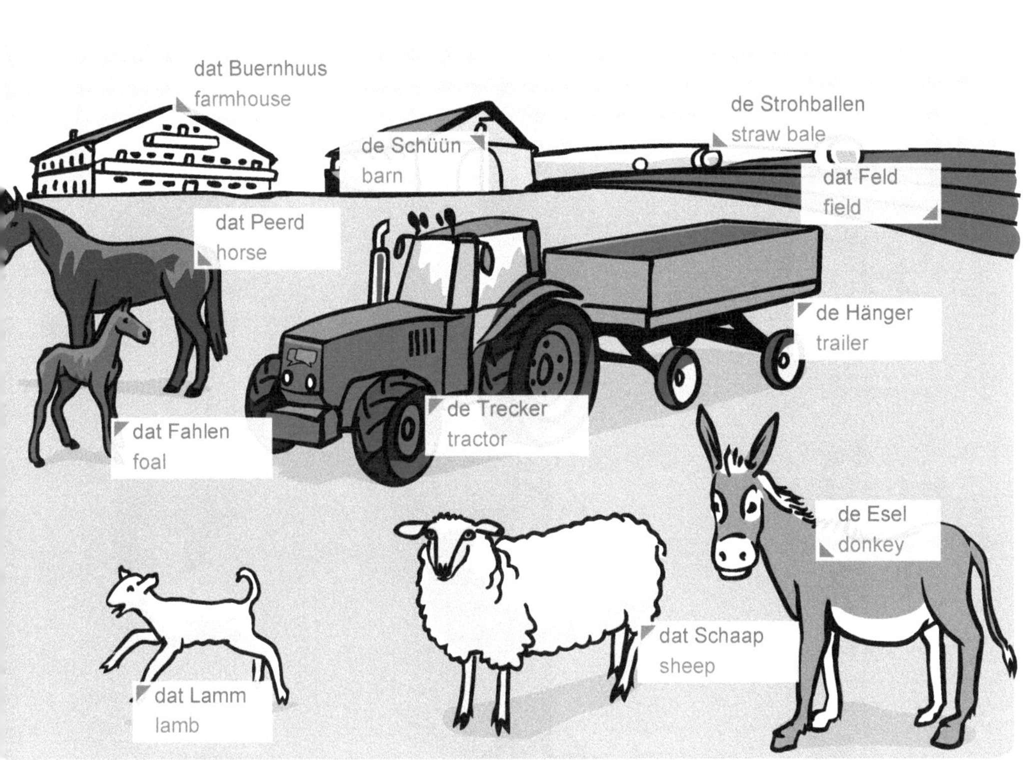
dat Buernhuus
farmhouse
de Schüün
barn
de Strohballen
straw bale
dat Feld
field
dat Peerd
horse
de Hänger
trailer
de Trecker
tractor
dat Fahlen
foal
de Esel
donkey
dat Schaap
sheep
dat Lamm
lamb

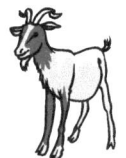

de Zeeg
goat

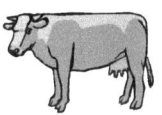

de Koh
cow

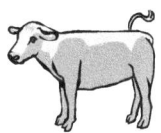

dat Kalf
calf

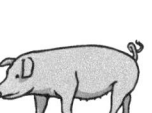

dat Swien
pig

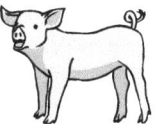

dat Farken
piglet

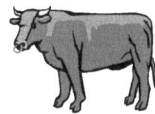

de Bull
bull

de Goos

goose

de Aant

duck

dat Küken

chick

dat Hohn

hen

de Hahn

cock

de Rott

rat

de Katt

cat

de Muus

mouse

de Oss

ox

de Hund

dog

de Hunnenhütt

doghouse

de Goornslauch

garden hose

de Geetkann

watering can

de Lee

scythe

de Ploog

plough

de Sich

sickle

de Hack

hoe

de Mestfork

pitchfork

de Ext

axe

de Schuufkoor

wheelbarrow

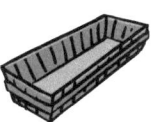

de Trog

trough

de Melkkann

milk can

de Sack

sack

de Tuun

fence

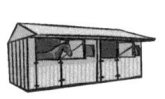

de Stall

stable

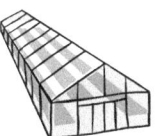

dat Drievhuus

greenhouse

de Bodden

soil

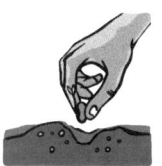

de Saat

seed

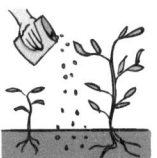

de Dünger

fertilizer

de Meihdöscher

combine harvester

oornen

harvest

de Oorn

harvest

de Yamswöttel

yams

de Weten

wheat

dat Soja

soy

de Kantüffel

potato

de Törksche Weten

corn

de Rapp

rapeseed

de Aaftboom

fruit tree

de Troopsch Kantüffel

cassava

dat Koorn

cereals

dat Huus
house

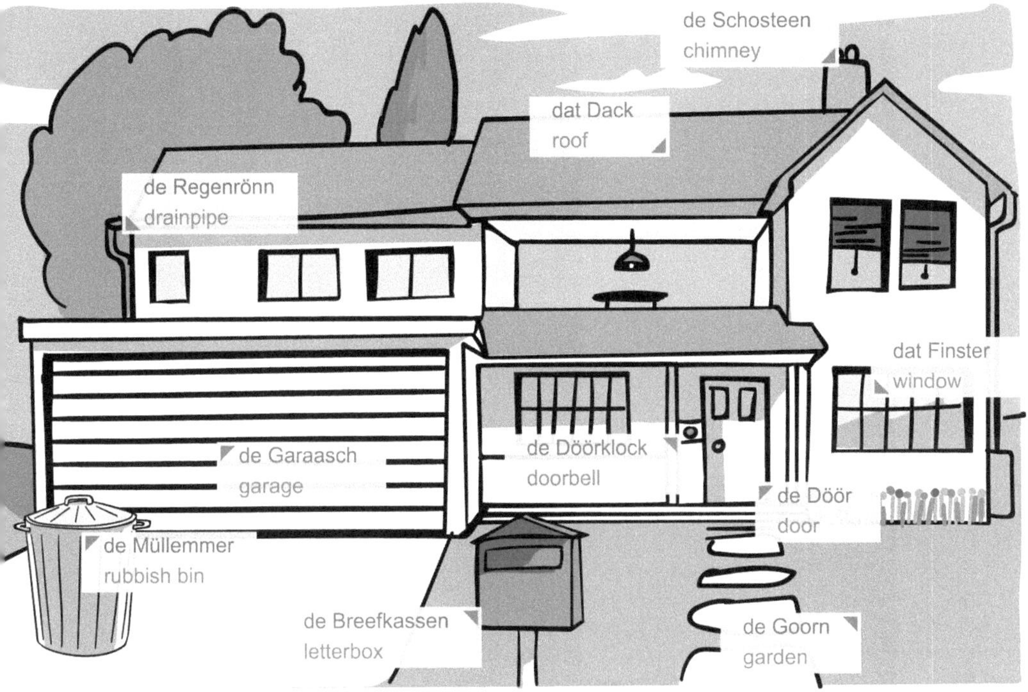

de Schosteen
chimney
dat Dack
roof
de Regenrönn
drainpipe
dat Finster
window
de Garaasch
garage
de Döörklock
doorbell
de Döör
door
de Müllemmer
rubbish bin
de Breefkassen
letterbox
de Goorn
garden

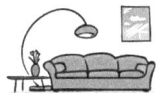

de Wahnstuuv

living room

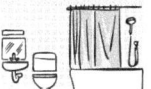

de Baadstuuv

bathroom

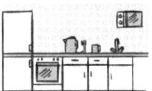

de Köök

kitchen

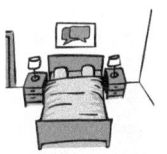

de Slaapstuuv

bedroom

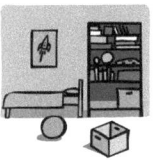

de Kinnerstuuv

child's room

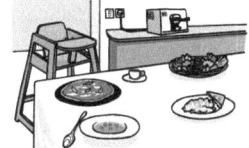

de Eetstuuv

dining room

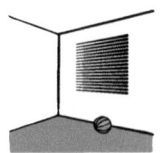

de Footbodden

floor

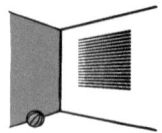

de Wand

wall

de Deek

ceiling

de Keller

cellar

dat Hittluftbad

sauna

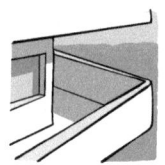

de Balkon

balcony

de Terrass

terrace

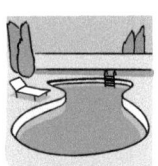

dat Swümmbad

pool

de Rasenmeiher

lawn mower

de Bettbetog

sheet

de Bettdeek

bedspread

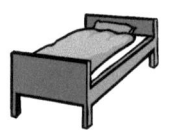

de Puuch

bed

de Bessen

broom

de Emmer

bucket

de Schalter

switch

de Wahnstuuv
living room

de Tapeet
wallpaper
dat Bild
picture
de Lamp
lamp
dat Regal
shelf
dat Schapp
cupboard
de Kiekkassen
television
de Kamin
fireplace
de Bloom
flower
dat Küssen
cushion
dat Sofa
sofa
de Vaas
vase
de Feernbedenen
remote control

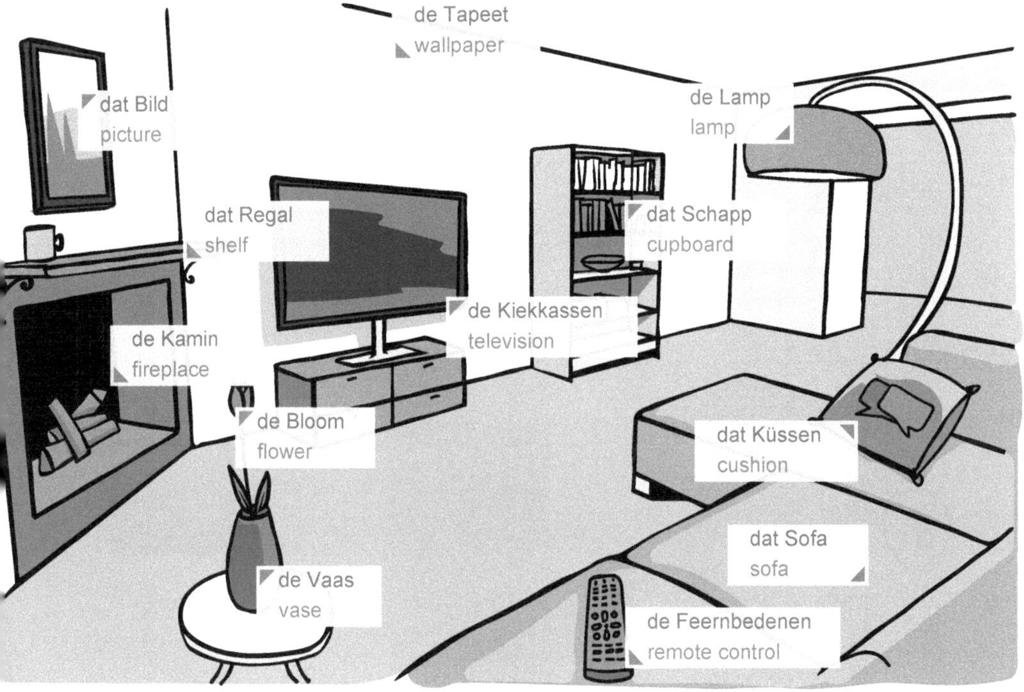

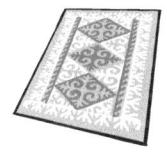

de Teppich

carpet

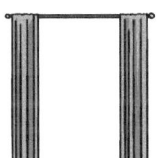

de Vörhang

curtain

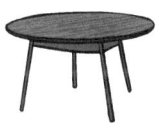

de Disch

table

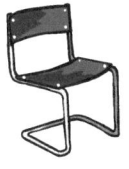

de Stohl

chair

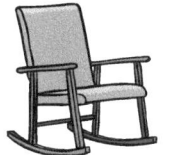

de Schuckelstohl

rocking chair

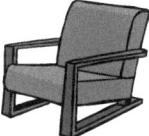

de Sessel

armchair

dat Book

book

de Deek

blanket

de Dekoratschoon

decoration

dat Füerholt

firewood

de Film

film

de Stereoanlaag

hi-fi equipment

de Slötel

key

dat Narichtenblatt

newspaper

dat Gemälde

painting

dat Poster

poster

dat Radio

radio

de Opschrievblock

notepad

de Huulbessen

hoover

de Kaktus

cactus

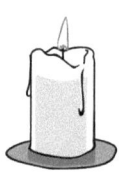

de Kars

candle

de Köök
kitchen

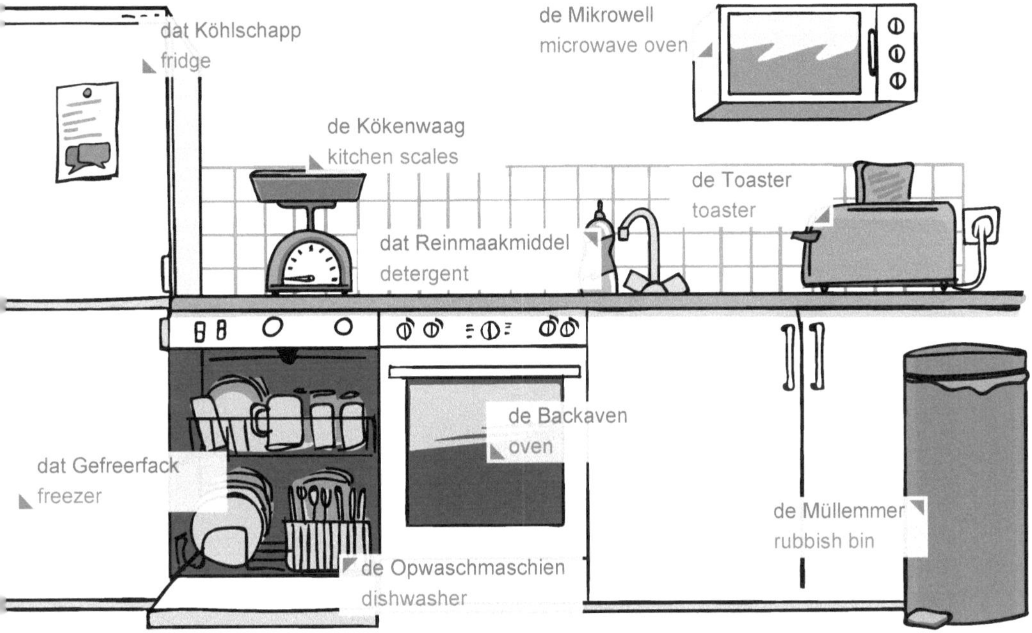

dat Köhlschapp
fridge
de Mikrowell
microwave oven
de Kökenwaag
kitchen scales
de Toaster
toaster
dat Reinmaakmiddel
detergent
de Backaven
oven
dat Gefreerfack
freezer
de Müllemmer
rubbish bin
de Opwaschmaschien
dishwasher

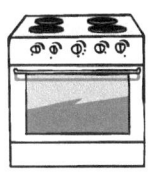

de Heerd

cooker

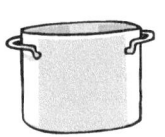

de Pott

pot

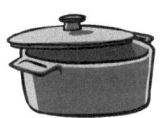

de Gussiesern Putt

cast-iron pot

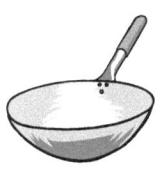

de Wok / Kadai

wok / kadai

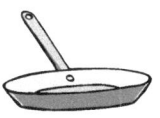

de Pann

pan

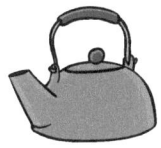

de Waterkaker

kettle

de Dampkaakputt

steamer

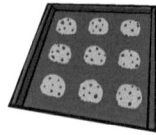

dat Backblick

baking tray

dat Geschirr

crockery

de Beker

mug

de Schaal

bowl

de Eetsticken

chopsticks

de Suppenkell

ladle

de Pannenwenner

spatula

de Sneebessen

whisk

dat Kaakseef

strainer

dat Seef

sieve

de Riev

grater

de Mörser

mortar

de Grill

barbecue

de Füerstell

open fire

dat Sniedbrett
chopping board

dat Nudelholt
rolling pin

de Proppentrecker
corkscrew

de Doos
can

de Dosenaapner
can opener

de Pottlappen
pot holder

dat Waschbecken
sink

de Böst
brush

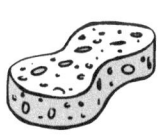

de Swamm
sponge

de Mixer
blender

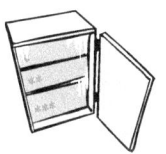

dat lesschapp
deep freezer

de Nuckelbuddel
baby bottle

de Waterhahn
tap

de Baadstuuv

bathroom

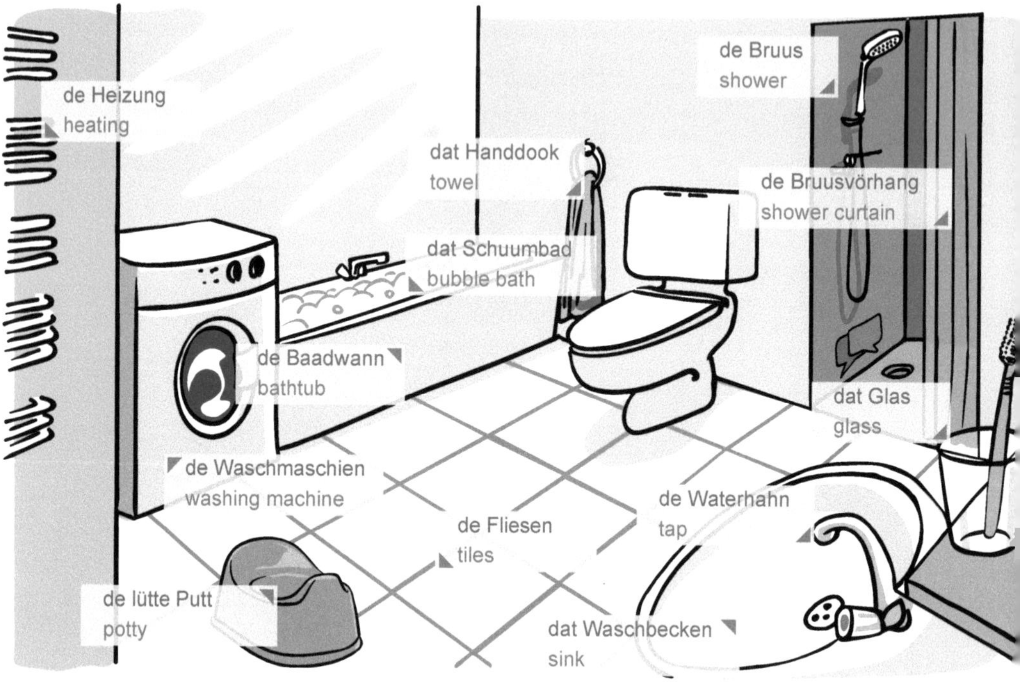

de Heizung
heating
dat Handdook
towel
de Bruus
shower
de Bruusvörhang
shower curtain
dat Schuumbad
bubble bath
de Baadwann
bathtub
dat Glas
glass
de Waschmaschien
washing machine
de Waterhahn
tap
de Fliesen
tiles
de lütte Putt
potty
dat Waschbecken
sink

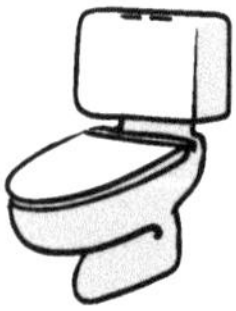

de Tante Meier

toilet

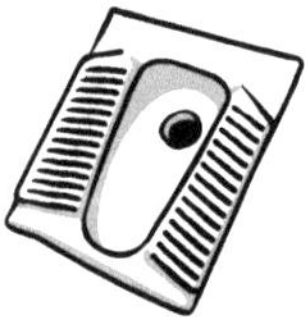

de Hockklo

squat toilet

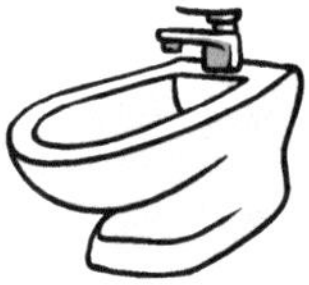

dat Bidet

bidet

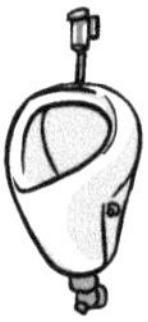

dat Miegbecken

urinal

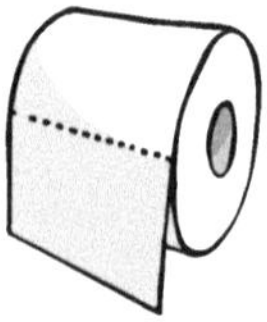

dat Klopapeer

toilet paper

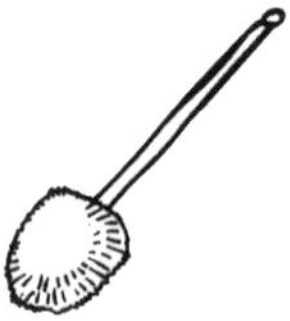

de Kloböst

toilet brush

de Tähnböst

toothbrush

de Tähnpast

toothpaste

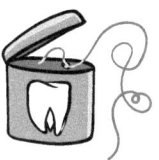

de Tähnsied

dental floss

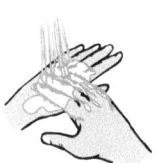

waschen

wash

de Handbruus

handheld shower

de Intimbruus

douche

de Waschschöttel

basin

de Rüchböst

back brush

de Seep

soap

dat Bruusgeel

shower gel

dat Hoorwaschmiddel

shampoo

de Waschlappen

flannel

de Afloop

drain

de Creme

cream

dat Deodorant

deodorant

de Spegel

mirror

de Kosmetikspegel

hand mirror

de Raserer

razor

de Raseerschuum

shaving foam

dat Raseerwater

aftershave

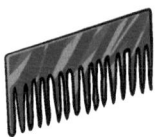

de Kamm

comb

de Böst

brush

de Hoordröger

hair dryer

dat Hoorspray

hairspray

de Smink

makeup

de Lippensticken

lipstick

de Nagellack

nail varnish

de Watt

cotton wool

de Nagelscheer

nail scissors

dat Rüükwater

perfume

de Kulturbüdel

washbag

de Schemel

stool

de Waag

weighing scale

de Baadmantel

bathrobe

de Gummihanschen

rubber gloves

de Tampon

tampon

de Damenbinn

sanitary towel

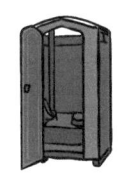

dat Chemieklo

chemical toilet

de Kinnerstuuv
child's room

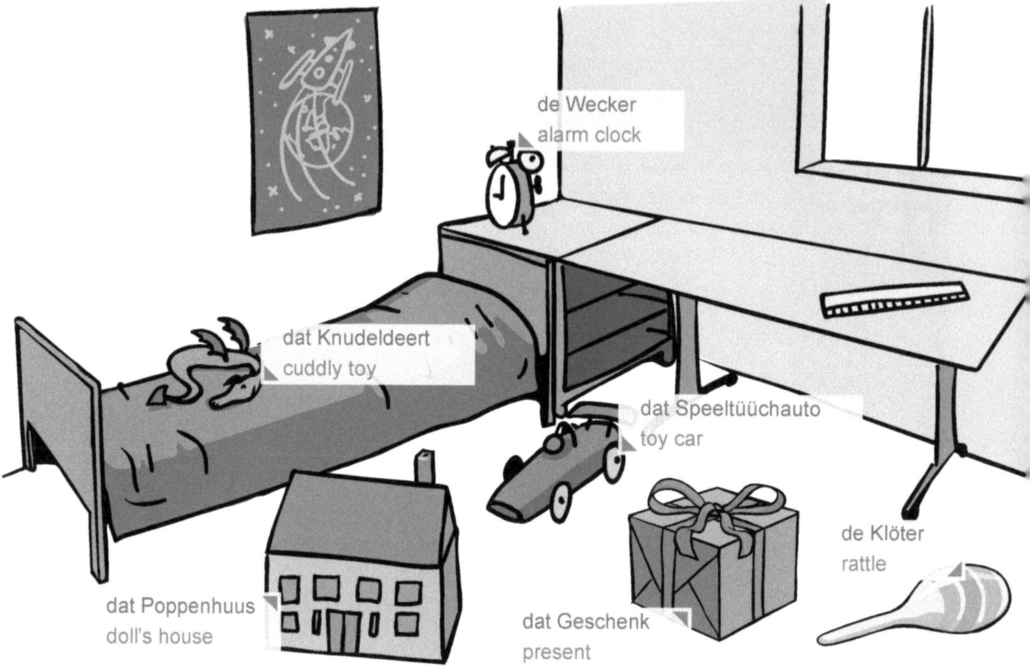

de Wecker
alarm clock
dat Knudeldeert
cuddly toy
dat Speeltüüchauto
toy car
de Klöter
rattle
dat Poppenhuus
doll's house
dat Geschenk
present

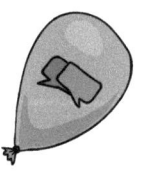

de Luftballon

balloon

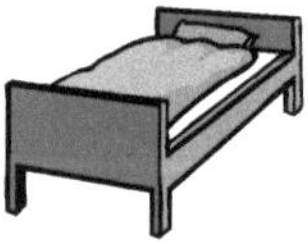

de Puuch

bed

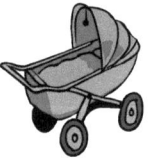

de Kinnerwagen

pram

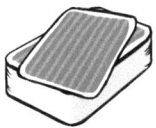

dat Koortenspeel

deck of cards

dat Puzzle

jigsaw

SUPER MEGA

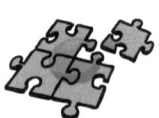

de Billergeschicht

comic

de Legostenen

lego bricks

de Bustenen

building blocks

de Action-Figur

action figure

de Strampelantog

babygrow

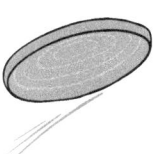

de Frisbeeschiev

frisbee

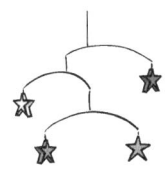

dat Mobile

mobile

dat Brettspeel

board game

de Wörpel

dice

de Modelliesenbahn

model train set

de Snuller

dummy

de Party

party

dat Billerbook

picture book

de Ball

ball

de Popp

doll

spelen

play

de Sandkassen

sandpit

de Schuckel

swing

dat Speeltüüch

toys

de Speelkonsool

video game console

dat Dreerad

tricycle

de Teddyboor

teddy bear

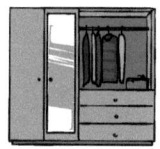

dat Klederschapp

wardrobe

dat Tüüch

clothing

de Socken

socks

de Strümp

stockings

de Strumpbüx

tights

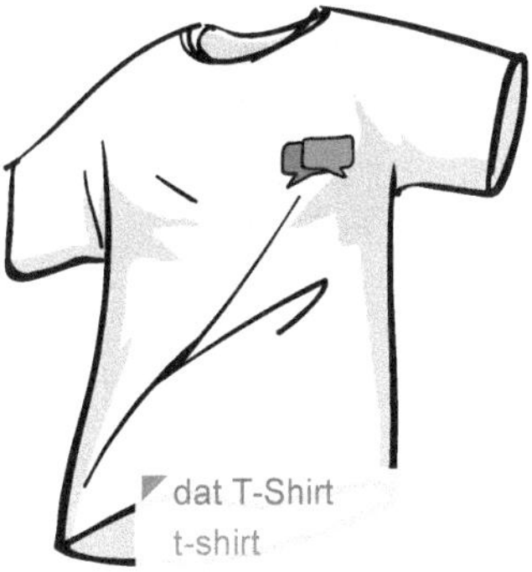

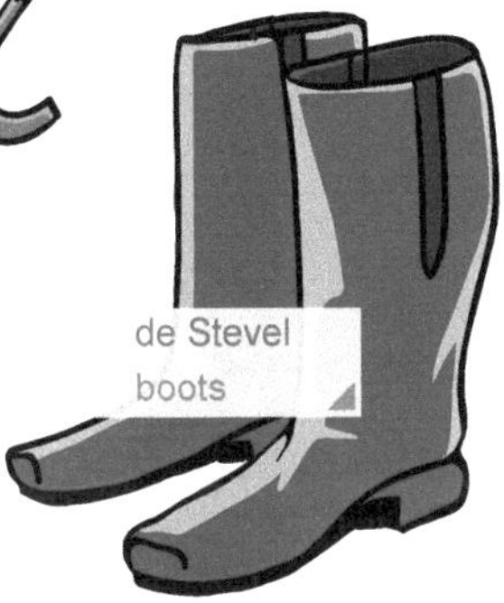

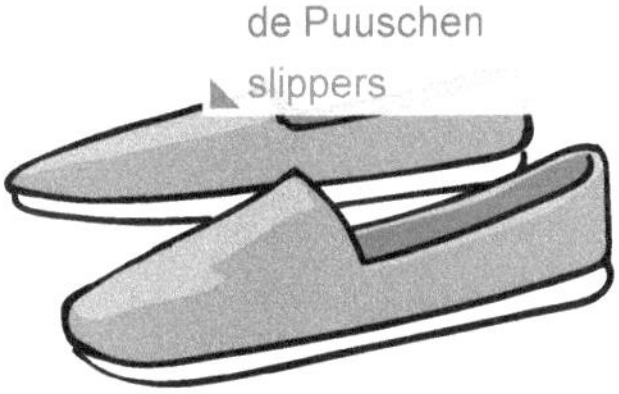

dat Halsdook
scarf

de Liefreem
belt

de Paraplü
umbrella

dat T-Shirt
t-shirt

de Turnschoh
trainers

de Stevel
boots

de Puuschen
slippers

de Sandalen
....
sandals

de Schoh
....
shoes

de Gummistevel
....
rubber boots

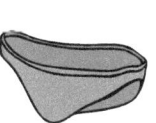

de Ünnerbüx
....
underpants

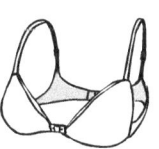

de Bostholler
....
bra

dat Ünnerhemd
....
vest

de Lief

body

de Büx

trousers

de Jeansnüx

jeans

de Rock

skirt

de Bluus

blouse

dat Hemd

shirt

de Pullover

pullover

de Kapuzenpullover

hoodie

de Blazer

blazer

de Jack

jacket

de Mantel

coat

de Övertrecker

raincoat

dat Kostüm

costume

dat Kleed

dress

dat Hochtietskleed

wedding dress

de Antog

suit

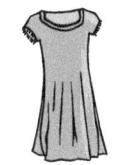

dat Nachtkleed

nightgown

de Slaapantog

pyjamas

de Sari

sari

dat Koppdook

headscarf

de Turban

turban

de Burka

burqa

de Kaftan

kaftan

de Abaya

abaya

de Baadantog

swimsuit

de Baadbüx

trunks

de Korte Büx

shorts

de Antog to'n Öven

tracksuit

de Schört

apron

de Handschoh

gloves

de Knopp

button

de Brill

glasses

dat Armband

bracelet

de Halskeed

necklace

de Ring

ring

de Ohrbummel

earring

de Mütz

cap

de Klederbögel

coat hanger

de Hoot

hat

de Binner

tie

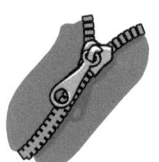

de Rietslüter

zip

de Helm

helmet

dat Drachtband

braces

de Schooluniform

school uniform

de Uniform

uniform

de Severböten
....
bib

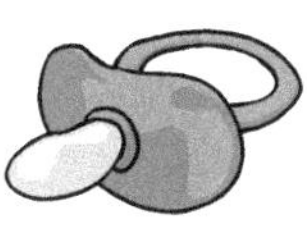

de Snuller
....
dummy

de Winnel
....
nappy

dat Büro
office

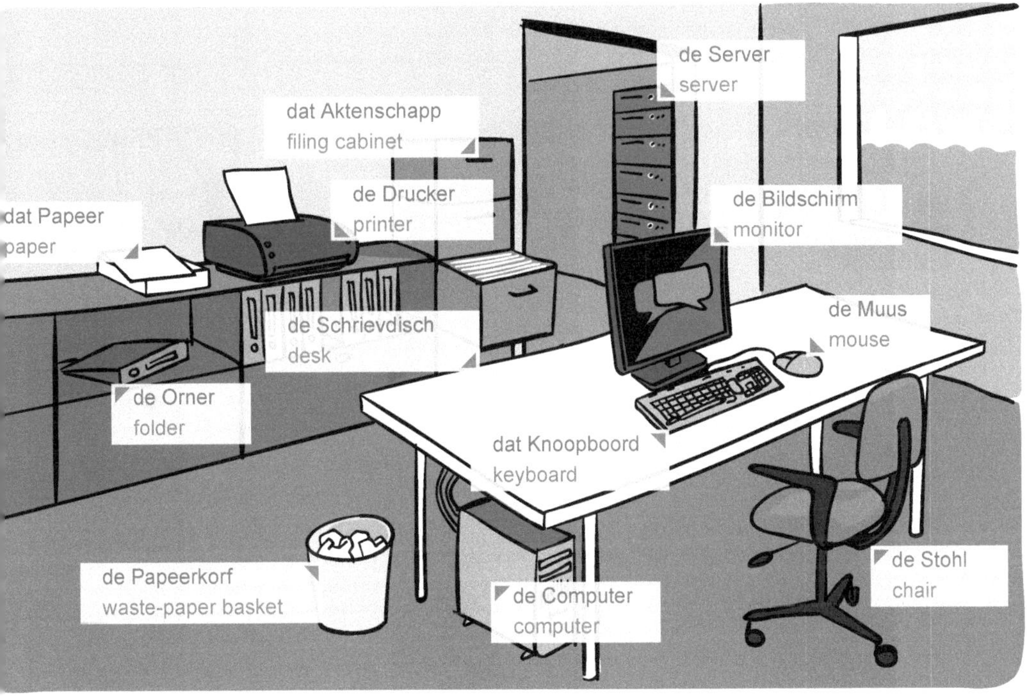

de Server
server

dat Aktenschapp
filing cabinet

de Drucker
printer

de Bildschirm
monitor

dat Papeer
paper

de Muus
mouse

de Schrievdisch
desk

de Orner
folder

dat Knoopboord
keyboard

de Papeerkorf
waste-paper basket

de Stohl
chair

de Computer
computer

de Koffiebeker
....
coffee mug

de Taschenreekner
....
calculator

dat Internet
....
internet

de Klappreekner

laptop

de Breef

letter

de Naricht

message

de Ackersnacker

mobile

dat Nettwark

network

de Kopeerapparat

photocopier

de Software

software

de Klöönkassen

telephone

de Steekdoos

plug socket

de Faxapparat

fax machine

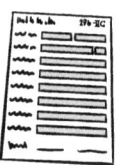

dat Formulor

form

dat Dokument

document

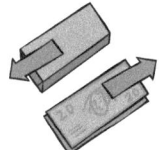

köpen

buy

betahlen

pay

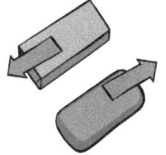

hanneln

trade

dat Geld

money

de Dollar

dollar

de Euro

euro

de Yen

yen

de Ruvel

rouble

de Swiezer Franken

Swiss franc

de Renminbi Yuan

renminbi yuan

de Rupie

rupee

de Geldautomat

cashpoint

de Wesselstuuv

bureau de change

dat Gold

gold

dat Sülver

silver

dat Ööl

oil

de Energie

energy

de Pries

price

de Verdrag

contract

de Stüer

tax

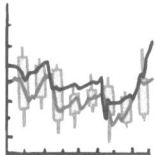

de Andeelschien

stock

arbeiden

work

de Anstellte

employee

de Arbeitgever

employer

de Fabrik

factory

de Hökerie

shop

de Profeschonen
occupations

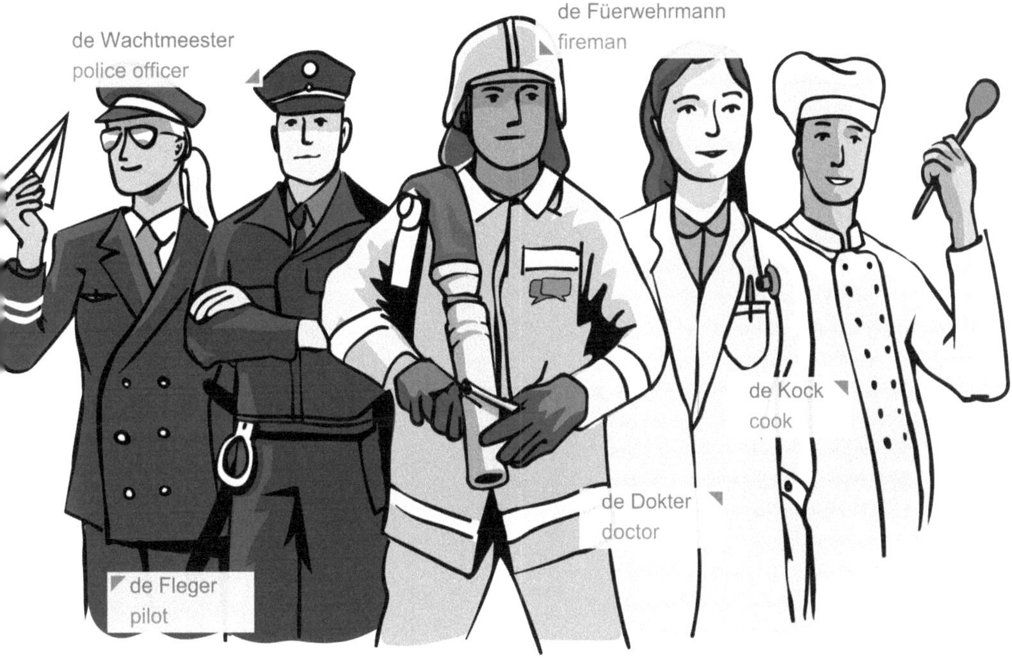
de Wachtmeester
police officer
de Füerwehrmann
fireman
de Kock
cook
de Dokter
doctor
de Fleger
pilot

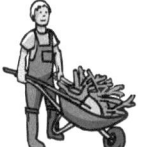

de Goorner
gardener

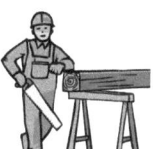

de Discher
carpenter

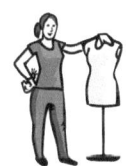

de Neihersche
seamstress

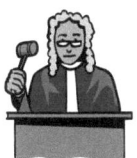

de Richter
judge

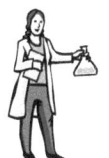

de Chemiker
chemist

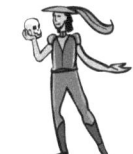

de Schauspeler
actor

de Busfohrer

bus driver

de Taxifohrer

taxi driver

de Fischer

fisherman

de Reinmaakfru

cleaning lady

de Dackdecker

roofer

de Kellner

waiter

de Jäger

hunter

de Maler

painter

de Bäcker

baker

de Elektriker

electrician

de Buarbeider

builder

de Ingenieur

engineer

de Slachter

butcher

de Klempner

plumber

de Postbüdel

postman

de Suldat

soldier

de Architekt

architect

de Kasserer

cashier

de Florist

florist

de Putzbüdel

hairdresser

de Schaffner

conductor

de Mechaniker

mechanic

de Kaptein

captain

de Tähndokter

dentist

de Wetenschopler

scientist

de Rabbi

rabbi

de Imam

imam

de Mönk

monk

de Paap

clergyman

dat Warktüüch

tools

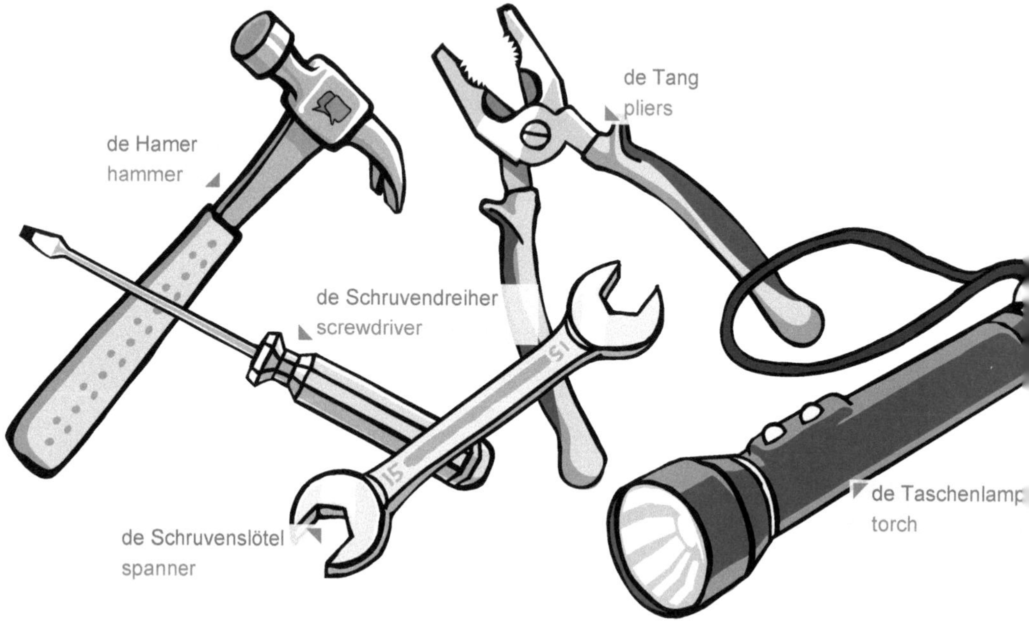

de Tang
pliers
de Hamer
hammer
de Schruvendreiher
screwdriver
de Taschenlamp
torch
de Schruvenslötel
spanner

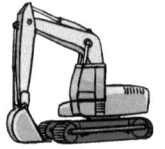

de Grieper

digger

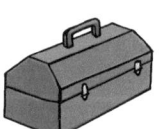

de Warktüüchkassen

toolbox

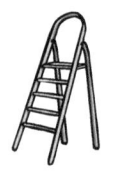

de Ledder

ladder

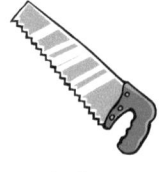

de Saag

saw

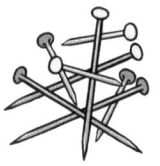

de Nagels

nails

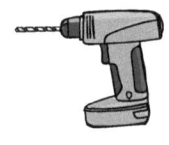

de Bohrer

drill

heelmaken
repair

de Schüffel
shovel

Schiet!
Damn!

dat Kehrblick
dustpan

de Farvpott
paint pot

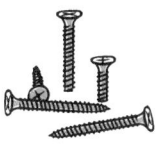

de Schruven
screws

de Musikinstrumenten
musical instruments

de Luutsnacker
loudspeaker

dat Slagtüüch
drum kit

de Rietfiedel
guitar

de Bass-Vigelien
double bass

de Trumpeet
trumpet

dat Klaveer

piano

de Vigelien

violin

de Bass

bass

de Pauk

timpani

de Trummeln

drums

dat Keyboard

keyboard

dat Saxophon

saxophone

de Fleut

flute

dat Mikrofoon

microphone

de Deertenpark

zoo

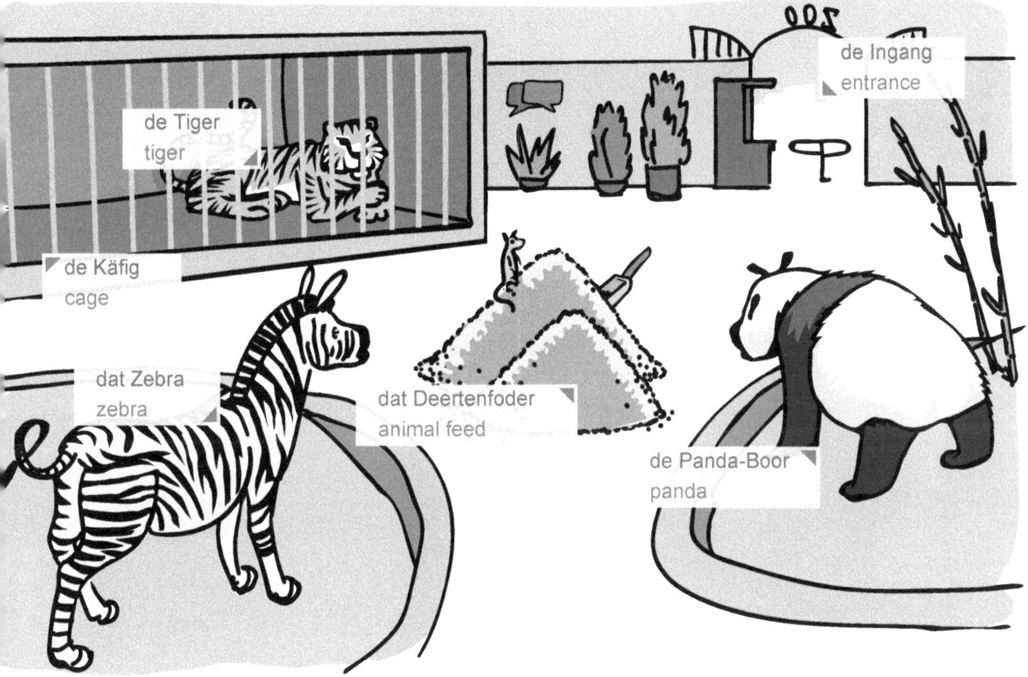
de Ingang
entrance
de Tiger
tiger
de Käfig
cage
dat Zebra
zebra
dat Deertenfoder
animal feed
de Panda-Boor
panda

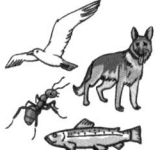

de Deerten

animals

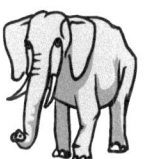

de Elefant

elephant

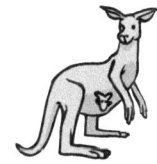

dat Känguru

kangaroo

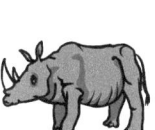

dat Neeshoorn

rhino

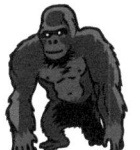

de Gorilla

gorilla

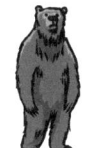

de Boor

bear

dat Kameel

camel

de Struuß

ostrich

de Lööv

lion

de Aap

monkey

de Flamingo

flamingo

de Papagoi

parrot

de Iesboor

polar bear

de Pinguin

penguin

de Haifisch

shark

de Pageluun

peacock

de Slang

snake

dat Krokodil

crocodile

de Oppasser in'n
Deertenpark

zookeeper

de Saalhund

seal

de Jaguor

jaguar

dat Pony

pony

de Leopard

leopard

dat Nilpeerd

hippo

de Giraff

giraffe

de Aadler

eagle

dat Wildswien

boar

de Fisch

fish

de Schildkrööt

turtle

dat Walross

walrus

de Voss

fox

de Gazell

gazelle

de Amerikaansch Football
American football

dat Radfohren
cycling

dat Tennis
tennis

de Korfball
basketball

dat Swümmen
swimming

dat Boxen
boxing

dat Ieshockey
ice hockey

de Football
football

dat Fedderball
badminton

de Leichtathletik
athletics

de Handball
handball

dat Skilopen
skiing

dat Polo
polo

de Aktivitäten
activities

springen
jump
ümarmen
hug
lachen
laugh
gahn
walk
singen
sing
drömen
dream
beden
pray
snuteln
kiss

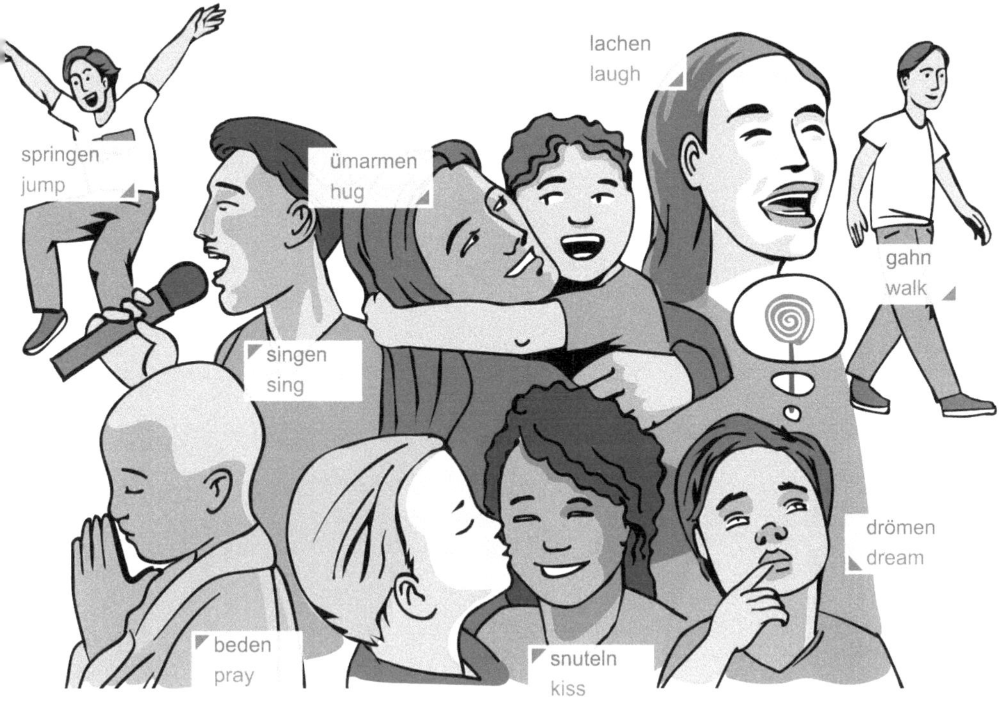

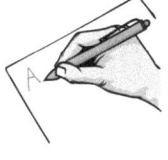

schrieven

write

teken

draw

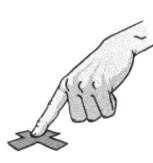

wiesen

show

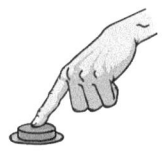

drücken

push

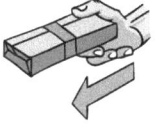

geven

give

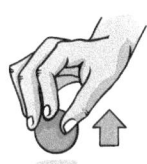

nehmen

take

hebben

have

doon

do

sien

be

stahn

stand

lopen

run

trecken

pull

smieten

throw

fallen

fall

liggen

lie

töven

wait

dregen

carry

sitten

sit

antrecken

get dressed

slapen

sleep

opwaken

wake up

ankieken

look at

wenen

cry

eien

stroke

kämmen

comb

snacken

talk

verstahn

understand

fragen

ask

hören

listen

drinken

drink

eten

eat

oprümen

tidy up

leefhebben

love

kaken

cook

fohren

drive

flegen

fly

segeln

sail

reken

calculate

lesen

read

lehren

learn

arbeiden

work

de Plünnen tohoopsmieten

marry

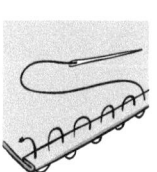

neihen

sew

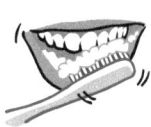

Tähnen putzen

brush teeth

dootmaken

kill

smöken

smoke

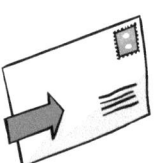

schicken

send

de Familje

family

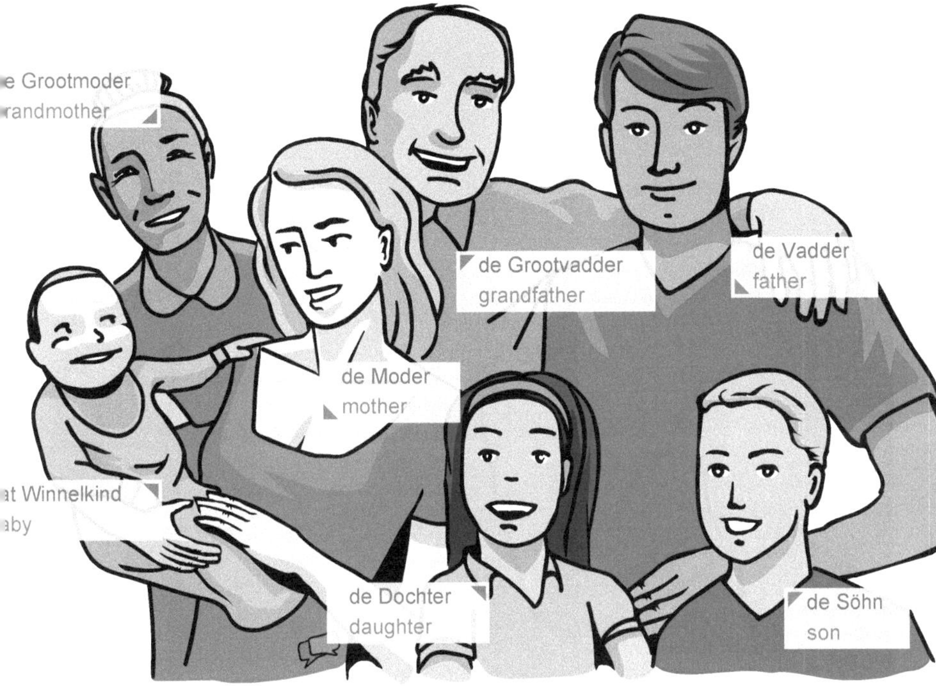

e Grootmoder
randmother
de Grootvadder
grandfather
de Vadder
father
de Moder
mother
at Winnelkind
aby
de Dochter
daughter
de Söhn
son

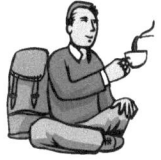

de Gast

guest

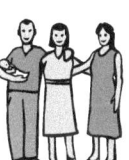

de Tant

aunt

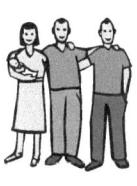

de Unkel

uncle

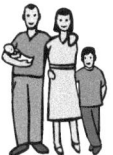

de Broder

brother

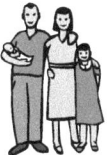

de Süster

sister

de Lief

body

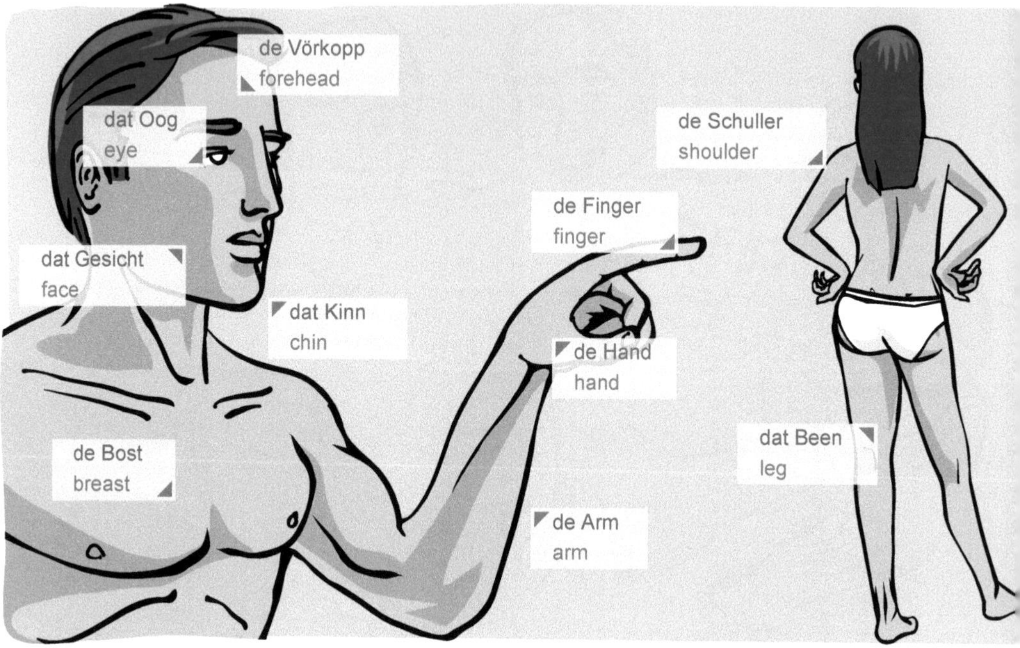

de Vörkopp
forehead

dat Oog
eye

de Schuller
shoulder

de Finger
finger

dat Gesicht
face

dat Kinn
chin

de Hand
hand

de Bost
breast

dat Been
leg

de Arm
arm

dat Winnelkind

baby

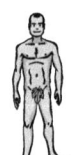

de Mann

man

de Fro

woman

de Deern

girl

de Jung

boy

de Arm

head

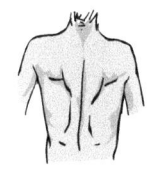

de Rüch

back

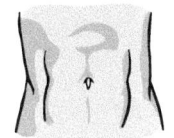

de Buuk

belly

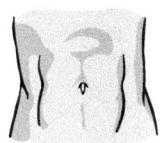

de Navel

belly button

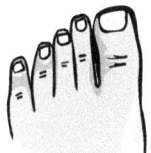

de Teh

toe

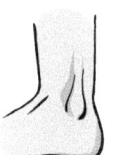

de Hack

heel

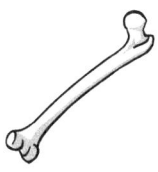

de Knaken

bone

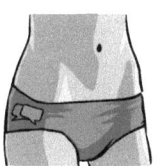

de Hüft

hip

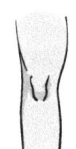

dat Knee

knee

de Ellbagen

elbow

de Nees

nose

de Achtersen

bottom

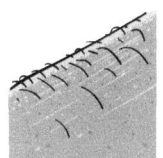

de Huut

skin

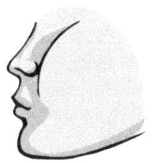

de Back

cheek

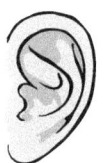

dat Ohr

ear

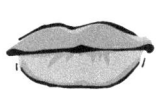

de Lipp

lip

de Mund

mouth

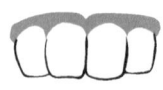

de Tähn

tooth

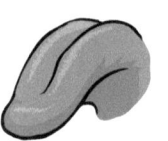

de Tung

tongue

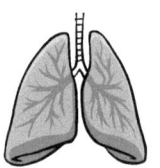

de Bregen

brain

dat Hart

heart

de Muskel

muscle

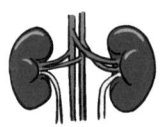

de Lung

lung

de Lever

liver

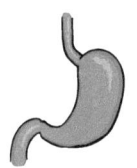

de Maag

stomach

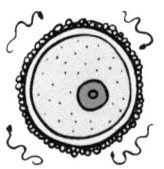

de Neren

kidneys

de Bislaap

sex

dat Kondoom

condom

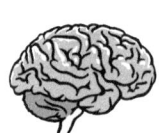

de Eizell

ovum

dat Sperma

semen

de Anner Ümstänn

pregnancy

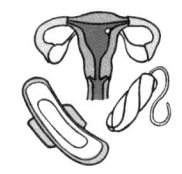

de Menstruatschoon
menstruation

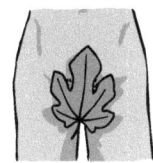

de Scheed
vagina

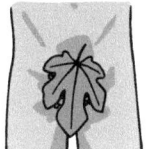

de Pint
penis

de Ogenbroe
eyebrow

dat Hoor
hair

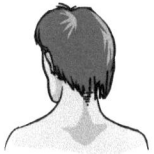

de Hals
neck

dat Krankenhuus
hospital

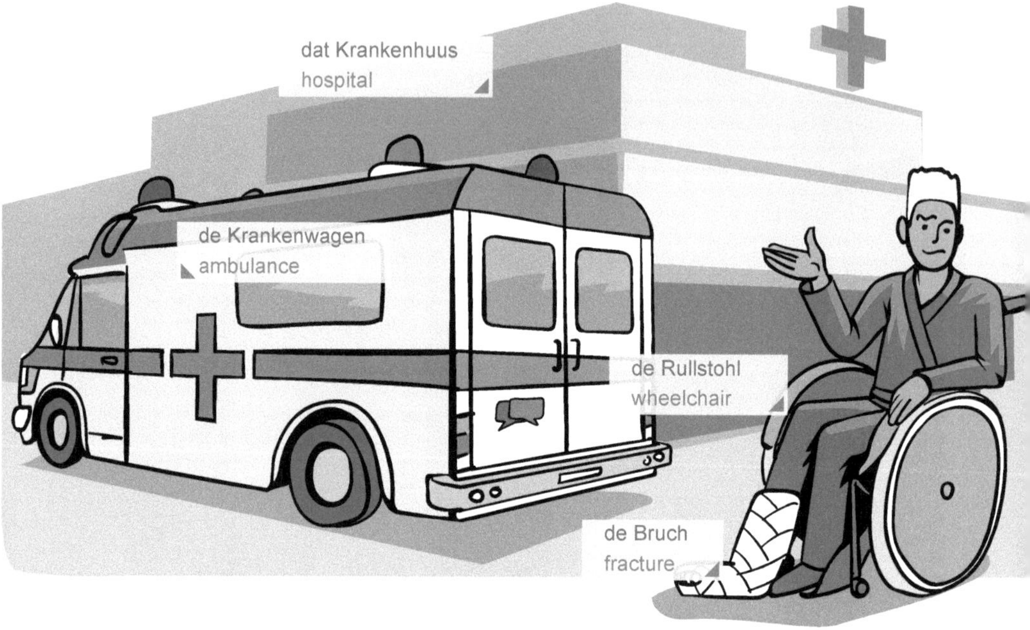

dat Krankenhuus
hospital
de Krankenwagen
ambulance
de Rullstohl
wheelchair
de Bruch
fracture

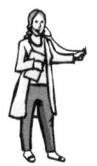

de Dokter

doctor

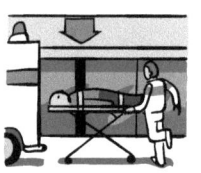

de Nootopnahm

emergency room

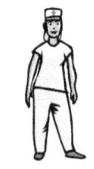

de Krankensüster

nurse

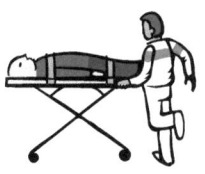

de Nootfall

emergency

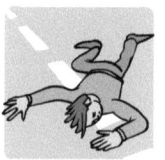

ahnmächtig

unconscious

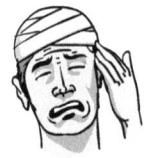

de Wehdaag

pain

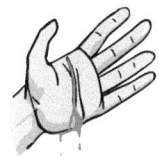

de Verwunnen

injury

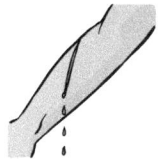

de Blöden

bleeding

de Hartinfarkt

heart attack

de Slaganfall

stroke

de Allergie

allergy

de Hoosten

cough

dat Fever

fever

de Gripp

flu

de Dörchfall

diarrhoea

de Koppwehdaag

headache

de Kreeft

cancer

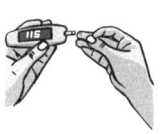

de Zuckersüük

diabetes

de Chirurg

surgeon

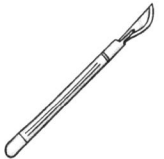

dat Chirurgsch Mess

scalpel

de Operatschoon

operation

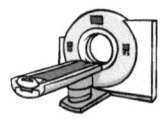

dat CT

CT

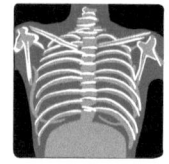

de Dörchlüchten

x-ray

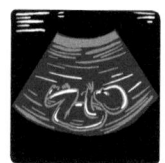

de Ultraschall

ultrasound

de Mask

face mask

de Krankheit

disease

de Töövruum

waiting room

de Krück

crutch

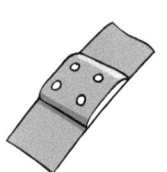

dat Plaaster

plaster

de Verband

bandage

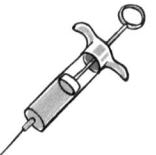

de Insprütten

injection

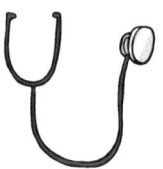

dat Stethoskop

stethoscope

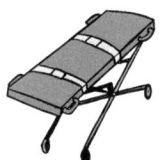

de Draag

stretcher

dat Feverthermometer

clinical thermometer

de Geboort

birth

dat Övergewicht

overweight

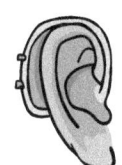

de Höörapparat

hearing aid

dat Kiemfriemiddel

disinfectant

de Ansteken

infection

de Virus

virus

dat HIV / AIDS

HIV / AIDS

dat Heelmiddel

medicine

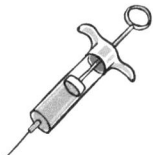

de Impen

vaccination

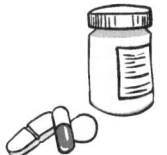

de Tabletten

tablets

de Pill

pill

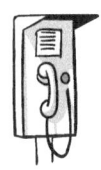

de Nootroop

emergency call

de Blootdruck-Meter

blood pressure monitor

krank / gesund

ill / healthy

dat Krankenhuus - hospital

Hölp!

Help!

de Alarm

alarm

de Överfall

assault

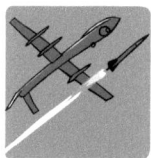

de Angreep

attack

de Gefohr

danger

de Nootutgang

emergency exit

dat Füer!

Fire!

de Füerlöscher

fire extinguisher

de Unfall

accident

de Noothölpkoffer

first-aid kit

SOS

SOS

de Polizei

police

Europa

Europe

Noordamerika

North America

Süüdamerika

South America

Afrika

Africa

Asien

Asia

Australien

Australia

de Atlantik

Atlantic

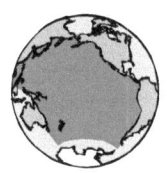

de Pazifik

Pacific

dat Indisch Weltmeer

Indian Ocean

dat Antarktisch Weltmeer

Antarctic Ocean

dat Arktisch Weltmeer

Arctic Ocean

de Noordpol

North Pole

de Süüdpol

South Pole

de Antarktis

Antarctica

de Eerd

Earth

dat Land

land

de See

sea

dat Eiland

island

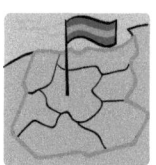

de Natschoon

nation

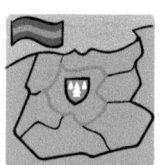

de Staat

state

dat Tallenblatt

clock face

de Stunnenwieser

hour hand

de Minutenwieser

minute hand

de Sekunnenwieser

second hand

Wo laat is dat?

What time is it?

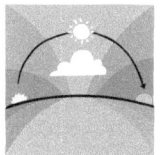

de Dag

day

de Tiet

time

nu

now

de digetaalsch Klock

digital watch

de Minuut

minute

de Stunn

hour

de Week
week

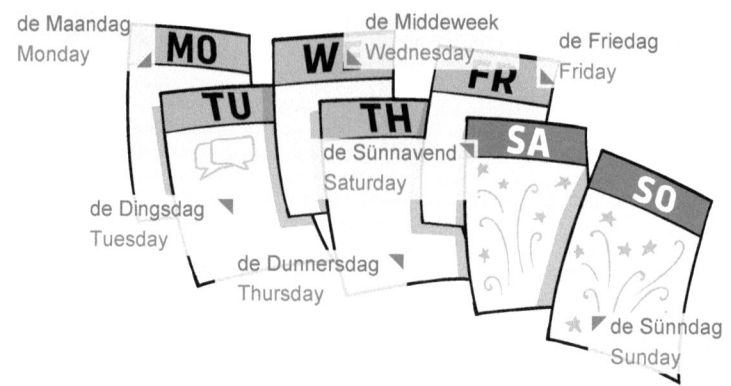

de Maandag
Monday

de Middeweek
Wednesday

de Friedag
Friday

de Dingsdag
Tuesday

de Dunnersdag
Thursday

de Sünnavend
Saturday

de Sünndag
Sunday

güstern

yesterday

hüüt

today

morgen

tomorrow

de Morgen

morning

de Meddag

noon

de Avend

evening

de Arbeitsdaag

business days

dat Wekenenn

weekend

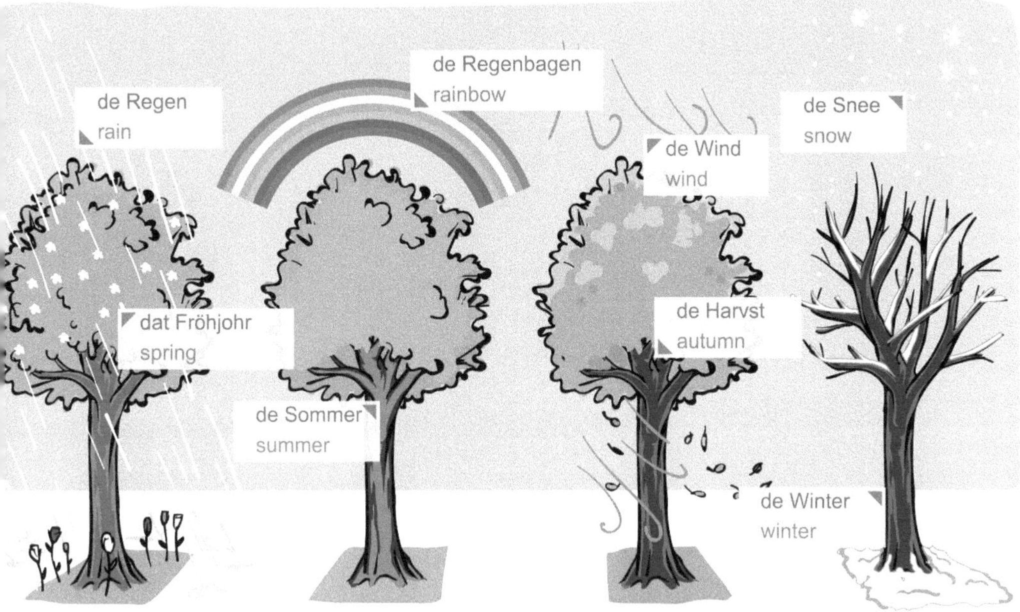

de Regenbagen
rainbow

de Regen
rain

de Snee
snow

de Wind
wind

dat Fröhjohr
spring

de Harvst
autumn

de Sommer
summer

de Winter
winter

de Wedervörhersaag

weather forecast

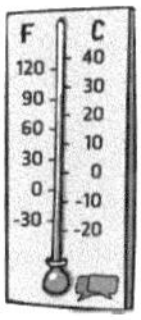

dat Thermometer

thermometer

de Sünnenschien

sunshine

de Wulk

cloud

de Nevel

fog

de Luftfuchtigkeit

humidity

de Blitz

lightning

de Dunner

thunder

de Storm

storm

de Hagel

hail

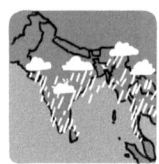

de Monsun

monsoon

de Floot

flood

dat Ies

ice

de Januormaand

January

de Februormaand

February

de Martmaand

March

de Aprilmaand

April

de Maimaand

May

de Junimaand

June

de Julimaand

July

de Augustmaand

August

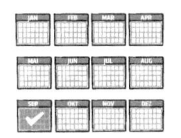

de Septembermaand
....
September

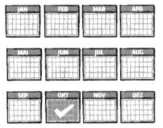

de Oktobermaand
....
October

de Novembermaand
....
November

de Dezembermaand
....
December

de Formen
shapes

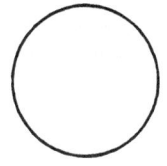

de Krink
....
circle

dat Quadrat
....
square

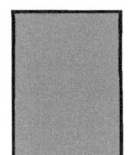

dat Rechteck
....
rectangle

dat Dreeeck
....
triangle

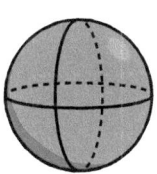

de Kugel
....
sphere

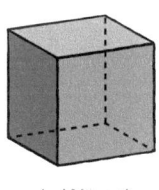

de Wörpel
....
cube

witt

white

geel

yellow

orangsch

orange

pink

pink

root

red

lila

purple

blau

blue

gröön

green

bruun

brown

gries

grey

swart

black

veel / wenig

a lot / a little

böös / verdreeglich

angry / calm

smuck / mies

beautiful / ugly

de Begünn / dat Enn

beginning / end

groot / lütt

big / small

hell / düüster

bright / dark

de Broder / de Süster

brother / sister

schier / schietig

clean / dirty

kumpleet / nich kumpleet

complete / incomplete

de Dag / de Nacht

day / night

doot / lebennig

dead / alive

breet / small

wide / narrow

geneetbor / nich geneetbor

edible / inedible

böös / fründlich

evil / kind

fickerig / langwielt

excited / bored

dick / dünn

fat / thin

toeerst / toletzt

first / last

de Fründ / de Fiend

friend / enemy

vull / leddig

full / empty

hart / week

hard / soft

swoor / licht

heavy / light

de Smacht / de Döst

hunger / thirst

krank / gesund

ill / healthy

nich na't Recht / na't Recht

illegal / legal

klook / dummerhaftig

intelligent / stupid

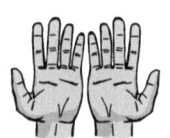

linkerhand / rechterhand

left / right

neeg / feern

near / far

nieg / bruukt
....
new / used

nix / wat
....
nothing / something

oolt / jung
....
old / young

an / ut
....
on / off

apen / slaten
....
open / closed

lies / luut
....
quiet / loud

riek / arm
....
rich / poor

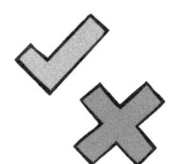

richtig / verkehrt
....
right / wrong

ruug / glatt
....
rough / smooth

trurig / glücklich
....
sad / happy

kort / lang
....
short / long

suutje / flink
....
slow / fast

natt / dröög
....
wet / dry

warm / köhl
....
warm / cool

de Krieg / de Freden
....
war / peace

de Gegendelen - opposites

0

null
zero

1

een
one

2

twee
two

3

dree
three

4

veer
four

5

fief
five

6

söss
six

7

söven
seven

8

acht
eight

9

negen
nine

10

teihn
ten

11

ölven
eleven

12

twölf

twelve

13

dörteihn

thirteen

14

veerteihn

fourteen

15

föffteihn

fifteen

16

sössteihn

sixteen

17

söventeihn

seventeen

18

achtteihn

eighteen

19

negenteihn

nineteen

20

twintig

twenty

100

hunnert

hundred

1.000

dusend

thousand

1.000.000

million

million

dat Engelsch

English

dat Amerikaansch Engelsch

American English

dat Chineesch Mandarin

Chinese Mandarin

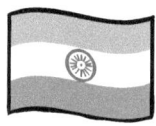

dat Hindi

Hindi

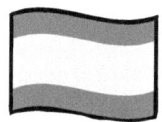

dat Spaansch

Spanish

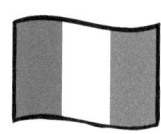

dat Franzöösch

French

dat Araabsch

Arabic

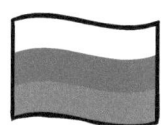

dat Rusch

Russian

dat Portugiesch

Portuguese

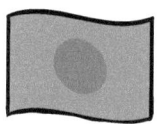

dat Bengaalsch

Bengali

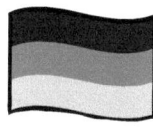

dat Düütsch

German

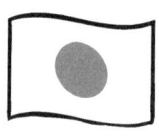

dat Japaansch

Japanese

ik

I

du

you

he / se / dat

he / she / it

wi

we

ji

you

se

they

keen?

who?

wat?

what?

woans?

how?

woneem?

where?

wannehr?

when?

de Naam

name

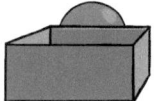

achter

behind

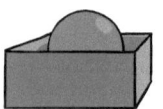

in

in

vör

in front of

över

over

op

on

ünner

under

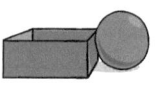

blangen

beside

twüschen

between

de Oort

place